MARCOS ANTÔNIO CARDOSO
MARIA DE LOURDES SIQUEIRA

ZUMBI
DOS PALMARES

2ª Edição

MAZZA edições

Copyright © 2010 by Marcos Antônio Cardoso e Maria de Lourdes Siqueira
Todos os direitos reservados

1ª Edição: 1995
2ª Edição: 2010

Ilustrações (miolo e capa)
Hyvanildo Leite

Revisão
Ana Emília de Carvalho

Capa e projeto gráfico e diagramação
Anderson Luizes

S618z   Siqueira, Maria de Lourdes.
        Zumbi dos Palmares / Maria de Lourdes Siqueira ; Marcos Cardoso. – 2.ed. – Belo Horizonte: Mazza Edições, 2010.

        44p.: il., 21x23 cm. – (Essa História eu não conhecia, Caderno Especial).

        ISBN: 978-85-7160-498-8

        1. História do Brasil. 2. Escravatura. I. Cardoso, Marcos. II. Título. III. Série.

        CDD: 981.04
        CDU: 94(81).027

Proibida a reprodução total ou parcial.
Os infratores serão processados na forma da lei.

MAZZA EDIÇÕES LTDA.
Rua Bragança, 101 | Pompeia
30280-410 | BELO HORIZONTE | MG
Telefax: [31] 3481-0591
edmazza@uai.com.br | www.mazzaedicoes.com.br

Para Dandara e Titina, minhas filhas, e Samora, meu filho, e a todas as crianças.

Marcos Antônio Cardoso

A Zumbi dos Palmares, por seu exemplo de dignidade guerreira, pela libertação dos descendentes dos povos africanos no Brasil.

Maria de Lourdes Siqueira

Este texto foi produzido por ocasião das homenagens à imortalidade de Zumbi dos Palmares.

Os autores
MARCOS ANTÔNIO CARDOSO
É militante do Movimento Negro, filósofo e historiador, analista de políticas públicas, professor do Curso de Especialização em Estudos Africanos e Afro-Brasileiros da Pontifícia Universidade CAtólica de Minas Gerais e do Projeto Contando a História do Samba.

MARIA DE LOURDES SIQUEIRA
Professora do Núcleo de Pós-Graduação em Administração da Universidade Federal da Bahia (UFBA), diretora da Associação Cultural Bloco-Afro Ilê Aiyê, membro da Coordenação Executiva do Movimento Negro Unificado (MNU) e coordenadora de Relações Internacionais.

Dona Ana Vitor fez 100 anos em 1995.

Vó Ana, como todos a conheciam – lá no Bairro São Paulo, em Belo Horizonte –, representa os nossos ancestrais que aqui trabalharam, dançaram e cantaram.

Vó Ana, como todos os outros negros que vivem hoje na "Capital do século", tem direito a uma história gravada em letras.

A homenagem à **Vó Ana** se estende aos que vieram antes e aos que virão depois.

A Editora

SUMÁRIO

PREFÁCIO 7

DIMENSÕES ORGANIZATIVAS DA RESISTÊNCIA AFRO-BRASILEIRA
ALGUNS ANTECEDENTES: OS AFRICANOS NO TEMPO DO SISTEMA COLONIAL-ESCRAVISTA 9
    A chegada dos portugueses 9
    A escravização dos africanos 9
    O africano como produtor de riquezas no Brasil 10

A RESISTÊNCIA 11
    Os negros sempre lutaram pela sua liberdade 11
    O quilombo é a liberdade 11
    O quilombo Angola Janga 13
    A organização socioeconômica e política de Palmares 15
    A posse da terra e o trabalho agrícola 15
    A organização política em Palmares 16
    A organização familiar em Palmares: laços de sangue e laços simbólicos 16
    Palmares: uma nova concepção de sociedade no Brasil 17

ZUMBI: UM REI AFRICANO EM TERRAS BRASILEIRAS 18
    Zumbi nasceu em Palmares e retornou a Palmares 19

GANGA ZUMBA, O ESTADO PALMARINO E A GUERRA CONTRA PALMARES 20
    Carta do rei para Zumbi, em 26 de fevereiro de 1685, expedida de Salva Terra 22

ZUMBI DOS PALMARES 23

A IMORTALIDADE DE ZUMBI DOS PALMARES 25

A ONDA *BLACK* 27

REFERÊNCIAS 35

ANEXO 37

MARCOS DA RESISTÊNCIA NEGRA

Antes da construção de Belo Horizonte, existiu aqui o Quilombo do Curral Del Rei, por volta de 1781. No século seguinte, Minas Gerais ocupava o primeiro lugar quanto o número de negros trazidos da África para trabalhar na mineração, na lavoura, no comércio, e em todos os tipos de serviços. Os quilombos foram, portanto, muitos. Os livros de viajantes estrangeiros que aqui vieram descrevem a presença de muitos negros trabalhando, dançando e cantando, nas vilas e povoados.

A história do negro, entretanto, aqui na cidade, em toda a Minas Gerais, e no Brasil, foi sempre muito mal contada pelos livros. A história que foi escrita falava do trabalho, do canto e da dança dos negros, mas não falava da luta contra a escravidão. A resistência dos africanos e seus descendentes teve muitas formas e muitos heróis anônimos, como ainda hoje os tem. Os quilombos se destacaram por constituírem uma forma alternativa de organização da sociedade. Dentre os muitos quilombos que existiram – os negros fugiam sempre do trabalho forçado para trabalhar livremente na construção do seu espaço próprio –, o Quilombo dos Palmares foi o mais famoso.

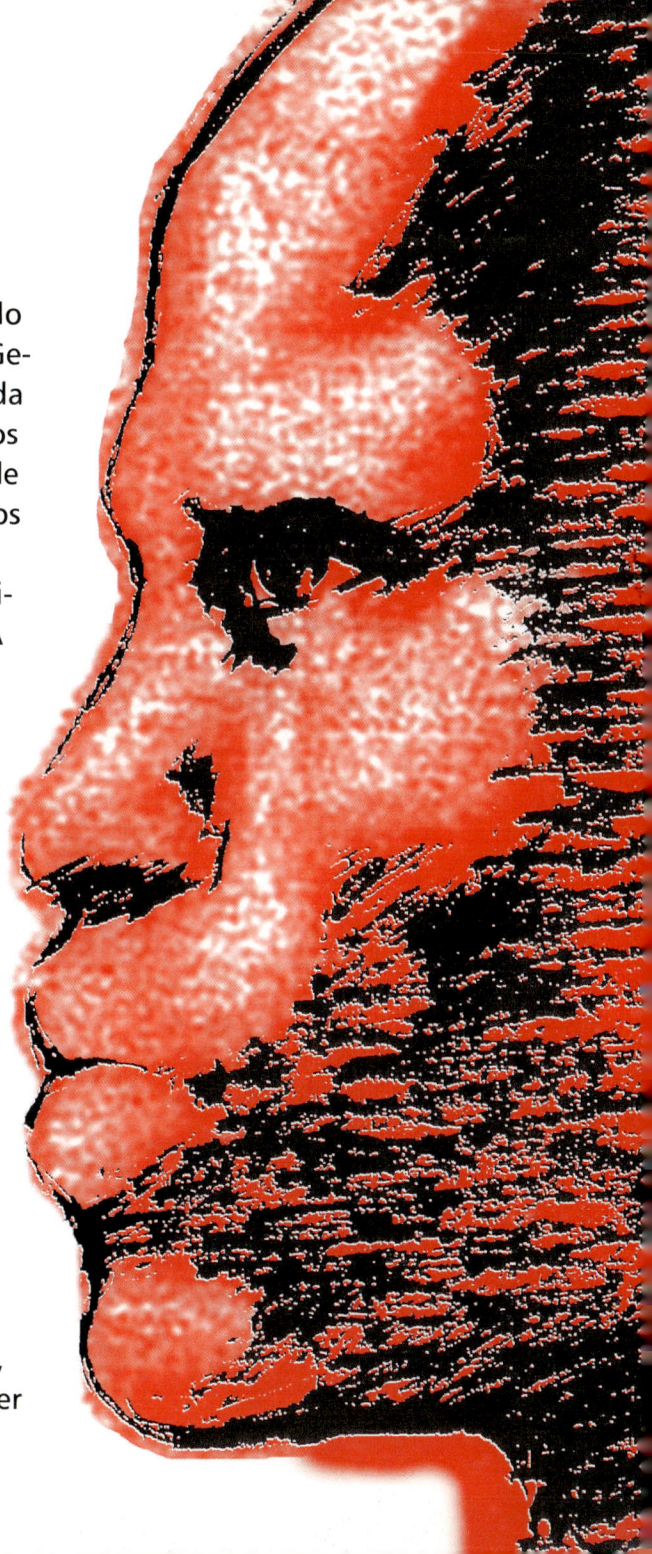

A história contada de boca, que muitos conhecem porque ouviram dos jornais, das revistas e também dos livros. Ao escrever a história dos negros, começamos a homenagear publicamente os nossos heróis e a exigir respeito pelos nossos marcos históricos, pela nossa cultura, pela nossa religião, pela nossa inteligência, pela nossa esperteza e pela nossa beleza. Sabemos contar esta história melhor do que ninguém porque a sentimos na pele. Queremos escrever a nossa própria história porque temos muito para ensinar. Com a história do Quilombo de Palmares, temos, também, muito que aprender. Além de escutar e falar, queremos também ler e estudar nossa históoria nos livros. A palavra falada, guardada apenas na nossa memória, amplia-se com a palavra escrita e jamais será esquecida.

Maria de Lourdes Siqueira, educadora, nascida no Maranhão e adotada pela Bahia, tem-se preocupado em escrever essa memória ancestral que vem do Ile Axé Opo Aganju, do Ile Aiye e do MNU, desabrocha na UFBA, telectuais do povo negro. Neste livro o trabalho, a luta e o saber de Lourdinha e Marquinhos se entrelaçam.

O filósofo Marcos Antônio Cardoso escreveu **Zumbi dos Palmares** com a sensibilidade e o conhecimento militante de quem vive a negrura à flor da pele. Preto no branco, este livro resulta do trabalho de quem sabe cantar, dançar e lutar. A história dos negros aqui escrita comemora – no sentido de trazer à memória – a imortalidade do herói assassinado pela repressão colonial. O que a memória ama fica eterno, diz o poeta. Zumbi dos Palmares, amado por um povo cuja voz se faz ouvir cada vez mais alto e mais longe, não poderá mais ser ignorado pela história oficial. Os caminhos abertos pelos palmarinos são, agora e para sempre, referências culturais fundamentais não só para os descendentes de africanos, mas para todo o povo brasileiro. Então, só nos resta saudar: Axé baba! Axé iya.

Lídia Avelar Estanislau

DIMENSÕES ORGANIZATIVAS DA RESISTÊNCIA AFRO-BRASILEIRA
ALGUNS ANTECENDENTES: OS AFRICANOS NO TEMPO DO SISTEMA COLONIAL-ESCRAVISTA

A CHEGADA DOS PORTUGUESES

Os portugueses chegaram ao Brasil no ano de 1500. Quando Pedro Álvares Cabral descobriu e se apropriou das terras brasileiras, aqui viviam 3 milhões de índios com suas culturas e suas tradições. Os portugueses achavam que não iam dar conta de uma terra tão grande. Tentaram a colonização do Brasil, por meio da escravidão dos índios. Os índios resistiram e, no decorrer deste processo, foram quase totalmente exterminados. O povo indígena não era o tipo de braço que os portugueses necessitavam para a lavoura canavieira.

A ESCRAVIZAÇÃO DOS AFRICANOS

Para povoar a terra brasileira e garantir o funcionamento do regime colonial, com a produção esperada, era preciso trabalhadores resistentes e de baixo custo, treinados em grandes plantações. Terra era o que não faltava. O Brasil era um imenso continente, vazio e escassamente povoado. Mais faltava o mais importante: trabalhadores. Os europeus sabiam, e muito bem, que só na África podiam encontrar trabalhadores com essas qualidades.

Foi assim que, por volta do ano de 1532, os africanos chegaram escravizados ao Brasil para trabalhar nas plantações de cana-de-açúcar. Os africanos não vieram para o Brasil por sua própria vontade: foram coagidos e forçados.

O africano que foi transformado em escravo para servir na América era um ser inteiro: corpo e alma livres. Os escravistas não tinham interesse na sua alma ou na sua cultura. Queriam apenas sua força de trabalho. A língua, a religião, as tradições, a arte, a ciência e os costumes não interessavam. Queriam da África apenas "fôlego vivo".

Para eles, as culturas dos africanos eram um luxo desnecessário. Mais do que um luxo, a cultura é um empecilho para se escravizar alguém. A cultura é o que nos mantém como seres inteiros e impede toda a energia da vida do ser humano só no trabalho de graça para riqueza de outros.

Dos negros que aqui chegavam se tirava o nome africano e se lhe impunha outro, de origem portuguesa. Proibiam-lhe a religião ancestral, forçavam-no a aceitar o Cristianismo. Como se isso não bastasse, utilizavam diferentes formas de castigos corporais com instrumentos de ferro.

O africano era castigado e desrespeitado a partir do momento em que era capturado, comprado ou vencido na guerra, durante a viagem até o litoral, no convés dos navios, durante a travessia do

Oceano Atlântico, no mercado, à espera dos fazendeiros e compradores. E seguia apanhando durante toda a sua existência de escravo. A finalidade de tal tratamento era esvaziá-lo da condição humana e, assim coisificado, o africano estava pronto para ser escravo.

Os escravos não são percebidos como seres humanos. A existência da alma e de culturas próprias lhes é negada. Além disso são forçados a trabalhar sem remuneração alguma e sem liberdade.

O AFRICANO COMO PRODUTOR DE RIQUEZAS NO BRASIL

A escravidão no Brasil durou mais de trezentos anos entre os séculos XVI e XIX. Portanto o negro foi o trabalhador responsável pela construção da economia brasileira. Como produtor de riquezas ao escravo era atribuído valor de mercadoria de preço elevado, variando conforme a idade, a sexo e o habilidade para o trabalho específico.

A escravidão no Brasil e na América foi fundamental para o desenvolvimento capitalista mundial. O negro escravo foi o grande gerador de riquezas pelo acúmulo do seu trabalho, enriquecendo as classes dominantes daqui e da Europa. Seu trabalho foi uma das principais fontes de acumulação de capital. Sem o trabalho escravo, não entenderemos como a Europa poderia comprar o açúcar brasileiro produzido em enorme quantidade senão com essa moeda viva que era o escravo africano. Entregava-se açúcar e recebia-se mais escravos. E assim funciona o sistema.

Sobre a vigilância dos senhores, os negros trabalhavam na casa-grande fazendas e lavras, como afiadores, costureiras, mucamas, pajens, amas de leite, roceiras, cozinheiras, ferreiros. Em Minas Gerais, na Bahia, no Maranhão, por exemplo, os negros constituíram parcelas significativas da população. Nas áreas de mineração, desde cedo formaram-se povoados e vilas, atraídos pelo ouro e pelo diamante. Isso provocou uma crescente demanda por serviços especializados, prestados em sua maioria pelos negros, por meio de múltiplos ofícios nas ruas, lojas e estradas: artesãos, ourives, escultores, pintores, quitandeiras, carregadores, tropeiros, barbeiros, músicos, faiscadores, açougueiros, ferreiros, parteiras e vendedores ambulantes.

Essas atividades requeriam mobilidade, o que não significou que os escravos tivessem autonomia no seu trabalho, uma vez que, além do senhor, os escravos eram vigiados pela Igreja e pelas forças militares.

A RESISTÊNCIA

OS NEGROS SEMPRE LUTARAM PELA SUA LIBERDADE

O governo português buscou sempre manter sua posição escravista. A reação dos escravos à sua condição deu-se de várias formas: desde o banzo à formação de confrarias religiosas; à pratica das religiões ancestrais, sempre na clandestinidade; às revoltas; às insurreições urbanas; às organizações rurais; e finalmente à formação dos quilombos. Estas formas organizadas passavam também por ações isoladas e/ou individuais de outra natureza: as fugas, os suicídios e o aborto preventivo à escravidão praticada por mulheres africanas. Somando-se as essas diferentes experiências de resistência, a expressão mais consistente de luta conhecida se deu nos quilombos.

A escravidão significava a morte da pessoa. A resistência era o caminho para retornar à vida.

O QUILOMBO É A LIBERDADE

Os quilombos eram núcleos de escravos fugidos da violência da escravidão. Constituídas por um conjunto de aldeias, as comunidades quilombolas, formadas por negros, brancos e índios marginalizados, sem terras e sem fortunas, estruturadas em leis comunitárias, formaram a mais avançada e sofisticada organização de luta orientada por uma só regra: **"FICA QUEM VIER POR AMOR À LIBERDADE!"**

A formação dos quilombos foi a mais rica experiência de organização dos negros na luta pela liberdade. Fugiam para terras virgens de difícil acesso e reorganizavam a vida em liberdade, baseada na cultura trazida da África e resistiam aos ataques dos colonizadores brancos. Nos quilombos, os negros deixavam de ser escravos e tornavam-se indivíduos livres.

As terras e o fruto do trabalho eram de todos. O excedente da produção era vendido ou trocado nos povoados vizinhos, no comércio e nas estradas por bens necessários a toda a coletividade. Os quilombos tornaram-se uma sociedade muito diferente e mais avançada que a dos colonizadores. A organização militar quilombola era a dimensão mais importante na defesa contra os brancos. A repressão do governo era permanente. Os portugueses organizavam centenas de expedições militares para destruir os quilombos. Os quilombos combateram em legítima defesa. O governo e os fazendeiros não davam trégua a negros fugidos. Percorrer as matas atrás da caça humana era uma rendosa profissão. Quase nunca iam para matar: negro morto não valia nada.

É vasta a experiência quilombola no Brasil. Foram centenas de quilombos espalhados pelo País. Em Minas Gerais, existiu um celeiro deles. No fim do século XVII, no momento em que o Quilombo de Palmares estava sendo destruído, descobriram em Minas Gerais as jazidas de ouro e diamante. Desde então, até o fim do século XVII, a região das minas constitui-se a base geográfica e econômica do escravismo colonial brasileiro.

A experiência de Palmares não só serviu para a organização de quilombos em todo o território brasileiro, mas, também, para que a Coroa portuguesa aperfeiçoasse a repressão aos quilombos. O sistema escravista tinha medo de um novo Palmares.

Houve experiências de quilombos em todo o País; na impossibilidade de citar outros neste espaço, relembramos dois exemplos: Minas Gerais e Bahia.

Dentre os quilombos existentes em Minas Gerais, destacaram-se o Quilombo dos Garimpeiros, o do Ambrósio, o do Sapucaí, o do Paraibuna, o de Inficionado, o de Pitangui, o de Jabuticatubas, o de Misericórdia e o de Campo Grande.

Entre os quilombos mineiros, o mais importante é o de Campo Grande, por sua duração e população de 20 mil aquilombados. O Quilombo de Campo Grande tinha uma organização parecida com a de Palmares. Ele surgiu das ruínas do Quilombo de Ambrósio, fortalecido após a destruição deste último. Sua existência constituía uma ameaça ao governo pelo fato de agregar vários núcleos quilombolas.

Na Bahia há um significativo registro da existência de quilombos que desempenharam um papel importante nas lutas de resistência, cujos remanescentes atuam hoje sob diferentes formas. Sabe-se que os lugares onde funcionam o terreiro do Bogum e o Ile Axé Opo Afonjá são sedes de Quilombos reconhecidos hoje como bairros do Engenho Velho da Federação e São Gonçalo do Retiro.

O QUILOMBO ANGOLA JANGA

Ao redor das montanhas de Alagoas, limitando-se com os confins de Pernambuco, grupos de escravos desenvolveram uma dinâmica de intercâmbio e estrutura social que revivia a organização social tradicional de antigos reinos africanos: Congo, Angola, Benguela e Cabinda. Restabelecendo alianças e costumes, onde chefes de grupos se reuniram periodicamente em Conselhos para decidir sobre a vida em coletividade com a participação de todos (CARELI, 1988).

O começo de tudo foi numa noite do ano de 1595: 40 escravos fugiram de um engenho no sul de Pernambuco. Parecia um fato corriqueiro já que os escravos fugiam o tempo todo de todos os engenhos. O número é que parecia excessivo, pois quarenta de uma vez e de um único engenho era uma experiência de fuga coletiva. Armados de foices, chuços e cacetes, caminharam vários dias, de manhã à noite, contornando brejos, grotões, penhascos e precipícios, até chegarem a um lugar onde se sentiram seguros. Assim teve início a história palmarina. De onde estavam, eles podiam ver perfeitamente quem viesse dos quatro cantos, tinham uma bela vista, podiam vislumbrar o mar, além das lagoas. A terra era vermelha-escura com muita água correndo sobre as pedras. E havia palmeiras, muitas palmeiras, conhecidas da África. Nascia Palmares.

No início foram poucos. Mas foram crescendo até tornarem-se uma comunidade de 30 mil aquilombados, entre homens, mulheres e crianças. Estabeleceram o primeiro Estado livre nas terras da América, um Estado africano pela concepção de sua organização política, militar, sociocultural e econômica.

A ORGANIZAÇÃO SOCIOECONÔMICA E POLÍTICA DE PALMARES

Palmares dominava uma área territorial equivalente a um terço de Portugal. A terra e o fruto do trabalho coletivo pertenciam a todos os palmarinos. Os palmarinos desenvolviam uma agricultura diversificada oposta à monocultura colonial.

A POSSE DA TERRA E O TRABALHO AGRÍCOLA

Em Palmares, o objetivo do trabalho agrícola era a alimentação dos quilombolas. Só se vendia o que se excedesse a ela, só se comprava o que a terra não desse.

O sistema de posse da terra, em Palmares, impediu o nascimento de classes e desníveis sociais. O rei e seus familiares simbólicos – mãe, tios, irmãos e primos – gozavam de certos privilégios, mas eram privilégios do cargo, para o qual eram eleitos e do qual podiam ser afastados por decisões de uma assembleia geral de todos os quilombolas.

No mundo do açúcar, a terra servia para muita coisa. Dela se extraía a riqueza, em forma de cana; dela se fazia dinheiro, quando vendida, e na propriedade da terra, enfim, baseava-se o prestígio e a força. A posse da terra em Palmares, por contraste, era de quem estava produzindo alimentos naquele momento. Não servia para negócios e nem conferia poder. Somente os maiores chefes familiares e políticos tinham que lhes cultivassem as roças, obrigatoriamente.

Cada família palmarina, de sangue ou adotiva, ocupava seu lote de terra, do qual tirava o seu sustento. O excedente era recolhido aos armazéns do quilombo, para prover situações de emergência ou de calamidade, como um incêndio de roças ateado pelo inimigo, por exemplo. O rei, no entanto, e seus familiares possuíam diversos lotes, onde se trabalhava, obrigatoriamente, por turmas.

A ORGANIZAÇÃO POLÍTICA EM PALMARES

O chefe do governo era eleito e os critérios básicos eram talento, dignidade, combatividade e consciência política de governo.

Havia uma moeda de troca utilizada entre os vizinhos. Além das atividades tradicionais – plantações, caça e pesca –, desenvolviam outras atividades, como artesanato, modelagem em ferro e cerâmica.

A ORGANIZAÇÃO FAMILIAR EM PALMARES: LAÇOS DE SANGUE E LAÇOS SIMBÓLICOS

A organização familiar na África era constituída por descendentes da família de sangue e todas aquelas pessoas que, por diferentes razões, incorporavam-se à família extensa, ampliada por laços afetivos, políticos e sociais. Assim se criaram as famílias quilombolas e palmarinas (pais, mães, etc.).

Nagôs e Bantos, segundo a denominação genérica dada aos africanos escravizados e desembarcados no Brasil, construíam casas nos quilombos, segundo suas próprias tradições de habitação. Viviam das plantações, da caça, da pesca e tudo isso era compartilhado entre as famílias que se criavam e se articulavam no processo vivido.

O tráfico negreiro separava para sempre as famílias. Durante trezentos e cinquenta anos, negros africanos, estrangeiros entre si, tinham que conviver com línguas, religiões e costumes diferentes. O trabalho escravo, ao colocá-los na mesma condição, funcionou como uma liga entre pessoas desenraizadas tão violentamente.

As autoridades proibiam ajuntamentos de negros da mesma terra e os fazendeiros não compravam mais de dois indivíduos da mesma etnia. Nas senzalas, foram-se formando depois casais e surgindo famílias. Mas tudo poderia acabar no momento seguinte. O negro era uma mercadoria que se comprava e se vendia ao bel-prazer. A rigor não há família escrava, mas uma grande família de parentesco aberto. Na África, predominava a família extensa: marido, esposa, filhos, tios e agregados.

PALMARES: UMA NOVA CONCEPÇÃO DE SOCIEDADE NO BRASIL

Além das diferenças fundamentais já referidas, entre o mundo do açúcar e Palmares, na sociedade colonial, negros eram escravos, índios eram servos e os brancos, por definição, eram livres. A identidade e a honra, na sociedade colonial, vinham da propriedade da terra. Segundo os costumes da época, "homens bons" era como se intitulavam os "donos" da terra.

A sociedade colonial escravista era por definição uma sociedade racista. Havia leis especiais para separar negros, brancos e índios. Leis que proibiam os negros de desempenharem funções públicas religiosas e de honra.

Já naquela época, o racismo do mundo colonial era evidente. Branco era tudo que dominava. Negro ou não branco era tudo o que era dominado. Atingia o ponto máximo dessa sociedade patriarcal quem fosse branco, homem, dono de terra e senhor de escravos.

Essa família patriarcal brasileira reinou absoluta por mais de três séculos. O homem branco no centro de tudo. Mulheres, filhos e filhas, agregados, dependentes e empregados, negros, índios e outros não brancos estavam fora do centro do poder. A família era a ordem, sem a qual não havia o progresso. Palmares era o contrário da sociedade colonial escravista, portanto, devia ser destruída. Essa guerra durou cem anos, de 1595 a 1695.

ZUMBI: UM REI AFRICANO EM TERRAS BRASILEIRAS

O Quilombo dos Palmares durou um século entre a origem, a concepção e a implantação dos princípios que foram ali criados, estabelecidos e legados à população descendente de africanos no Brasil.

As dificuldades e adversidades foram incontáveis. Mais de meio século de enfrentamento sem trégua, o que levava a frequentes mudanças de estratégias, redimensionando e, às vezes, abandonando moradias, oficinas e lavouras a cada confronto com as forças coloniais organizadas.

Isso acontecia porque a "guerra do mato", dia a dia, tornava-se mais conhecida, tomava dimensões mais amplas que a guerra de negros e escravos. Era a Colônia que enfrentava uma organização forte, bem estruturada. No momento mais acirrado do combate, os negros contaram com o comando de um guerreiro excepcionalmente corajoso, valente, determinado, hábil e competente: **ZUMBI DOS PALMARES.**

ZUMBI NASCEU EM PALMARES E RETORNOU A PALMARES

Zumbi nasceu livre, no início do ano de 1655, em Palmares. Feito prisioneiro numa pequena povoação palmarina, ainda recém-nascido, foi dado de presente ao padre português Antônio Melo, do distrito de Porto Calvo.

Batizado, recebeu o nome de Francisco e, aos 10 anos de idade, conhecia o latim e o português admiravelmente.

Aos 15 anos, numa madrugada qualquer do ano de 1670, Francisco fugiu para Palmares, onde recebeu novo nome e se tornou sobrinho de Ganga Zumba, na concepção africana de família.

Zumbi foi o chefe do Quilombo dos Palmares, posterior a Ganga Zumba. O nome Zumbi pode significar o N'Zambi, o deus supremo dos povos bantos; Zumbi pode significar alma do que vagueia pela noite; Zumbi é um dos heróis da Troia Negra, general das armas em Palmares.

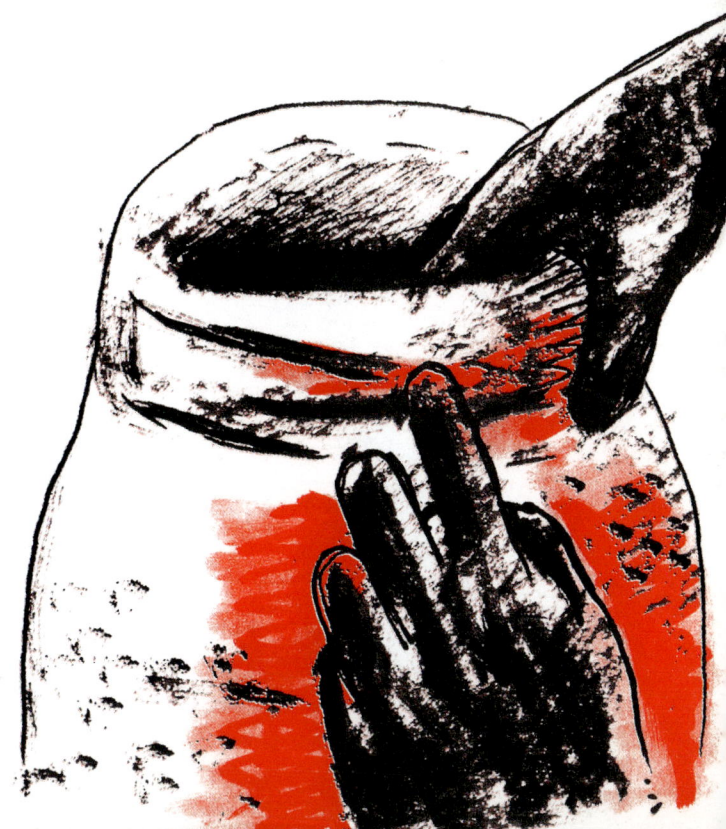

GANGA ZUMBA, O ESTADO PALMARINO E A GUERRA CONTRA PALMARES

Em 1630, já eram três as aldeias de Palmares localizadas na Serra da Barriga. Seus moradores as chamavam **ANGOLA JANGA**, que quer dizer, na língua quimbundo, **"ANGOLA PEQUENA"**. A invasão holandesa, que durou vinte e quatro anos, fez tremer o mundo do açúcar e estimulou o crescimento de Palmares. Em 1640, já eram 10 mil os palmarinos. O crescimento de Palmares incomodou profundamente o domínio holandês. Organizaram diversas expedições para destruir Palmares. Todas sem sucesso. Palmares renascia sempre com mais força e ousadia. Desaparecia no mato para derrotar o melhor exército do mundo.

Em 1670, quando Zumbi voltou, Palmares era um conjunto de povoados ou mocambos, cobrindo mais de 6 mil quilômetros quadrados: Macaco (a capital, na Serra da Barriga), Amaro, Serinhém, Subupira, Osenga, Zumbi, Aqualtune, Acotirene, Tabocas, Dambrabanga, Andala Quituche, Magano, Curiva, Congono, Cacaú, Pedro Capacaça, Giloange, Una, Caatingas, Engana-Colomin. Eram 30 mil quilombolas, vivendo nesses quilombos, governados por Ganga Zumba, que chegou a Palmares, no tempo em que Pernambuco estava sob o domínio holandês.

Sob o comando de Ganga Zumba, as aldeias palmarinas tornaram-se um Estado. Firmaram um pacto militar, ponto de partida para a formação de um exército. As lideranças foram organizadas num Conselho Geral que o elegeram – Ganga Zumba – chefe de todos os palmarinos.

Nas questões vitais para todos os palmarinos, o grande chefe tinha de respeitar a opinião do Conselho, formada pelos líderes de cada aldeia e os respectivos cabos de guerra. Os líderes de cada aldeia eram eleitos pelo conjunto dos moradores de cada uma e tinham completa autonomia na sua área. Só os ministros e os cabos de guerra eram nomeados por Ganga Zumba, depois de ouvido o Conselho. Seu poder não era hereditário e nem podia ser naquelas circunstâncias.

O Quilombo dos Palmares experimentou tempos de paz e guerra.

Em 1677, os povoados palmarinos foram atacados por Fernão Carrilho, um famoso caçador de negros. Ganga Muíssa, ministro de Zumbi, e Ganga

Zumba – o grande chefe – saíram feridos; Fernão Carrilho voltou ao litoral com cerca de 200 quilombolas presos.

Com a morte e a prisão de líderes importantes, a liderança de Ganga Zumba começou a declinar. Duas outras expedições atacaram Palmares, matando e prendendo os moradores. O fracasso diante de Carrilho foi imputado a Ganga Zumba. Zumbi foi promovido de simples chefe de aldeia a comandante do exército palmarino.

Em 1678, Ganga Zumba entra em Recife, na manhã de 5 de novembro, para ratificar um Acordo de Paz que estipulava:

1) Os negros nascidos em Palmares eram livres;
2) Os que aceitavam a paz recebiam terras para viver;
3) O comércio entre os negros e os povoados vizinhos ficavam liberados;
4) Os negros que aceitassem a paz passariam a ser vassalos da Coroa como qualquer outro.

A assinatura de um Tratado de Paz com o governo português pôs Zumbi e Ganga Zumba em lados opostos. Zumbi não aceitou esse acordo, porque sabia que a paz só seria possível com a criação de uma sociedade livre e independente. Os termos desse tratado não asseguravam a liberdade para os negros brasileiros, além de dividi-los, restituíam à escravidão a maioria dos quilombolas que fugiam para Palmares com seus próprios pés. Situado em Macaco – capital dos Palmares –, Ganga Zumba perdeu o seu antigo prestígio.

CARTA DO REI PARA ZUMBI, EM 26 DE FEVEREIRO DE 1685, EXPEDIDA DE SALVA TERRA

"Eu el Rei faço saber a vós, capitão Zumbi dos Palmares que hei por bem perdoar-vos de todos os excessos que haveria praticado assim contra minha real fazenda contra os povos de Pernambuco, o que assim o faço por entender que a vossa rebeldia teve razão, nas maldades praticadas por alguns dos maus senhores em desobediência as minhas reais ordens. Convido vos a assistir em quarquer estancia que vos convier com vossa mulher e vossos filhos e todos os vossos capitães livres de qualquer cativeiro ou sujeição, conviver com meus leais e fiéis suditos, sob minha real proteção, do que fica ciente meu governador que vai para o governo dessa capitania".

ZUMBI DOS PALMARES

Em 1680, Zumbi assume o comando do Quilombo de Palmares e Ganga Zumba retira-se com seus seguidores para Cucaú, terras dadas pelo governo português aos negros que aceitaram os termos do Tratado de Paz proposto por aquele e assinado por Ganga Zumba. Essa paz não durou dois anos. Nos anos de 1693 e 1694, a luta recrudesceu.

Ao assumir o Quilombo dos Palmares, Zumbi subordinou toda a organização social às exigências da guerra. Deslocou mocambos para pontos estratégicos, aumentou a vigilância e a observação na orla das matas, pôs um sistema de segurança nos engenhos e nas cidades. Transformou Macaco – a capital – numa gigantesca fortaleza.

Para destruir o Quilombo dos Palmares, o governo português organizou um exército formado por 11 mil homens. Não há notícias na história do Brasil colonial de um exército tão grande. Comandavam a invasão a Palmares os proprietários de terras Fernando Bernardo Vieira de Melo e Sebastião Dias Mineli e o bandeirante Domingos Jorge Velho, este o comandante supremo dos invasores.

Zumbi preparou-se para recebê-los. Construiu sólidas fortificações. Três cercas de madeira e pedras que circundavam o mocambo de Macaco num raio de quase 6 mil quilômetros. Na parte de dentro da cerca, foram erguidas guaritas para observar o movimento das tropas inimigas. Na parte externa das fortificações, escavaram-se lagos e profundos fossos dissimulados por vegetação, para impedir o avanço das tropas.

Os comandos de Domingos Jorge Velho investiram contra a fortaleza palmarina em 23 de janeiro de 1694, e foram mais uma vez rechaçados. No dia 29 do mesmo mês, tentaram novamente invadir Macaco, mas foram repelidos pelos quilombolas. Domingos Jorge Velho não desistiu. Construiu, nas madrugadas, uma contracerca oblíqua à fortaleza de Macaco, para resistir e organizar a ofensiva final. Pediu reforço ao governo português em homens, armas e munições. Conseguiu a proeza de subir com canhões ao alto da Serra da Barriga. O destino de Palmares estava selado pela superioridade em armas dos invasores.

Quando Zumbi dos Palmares descobriu os canhões de Jorge Velho, já era tarde. A capital dos Palmares estava encurralada. Zumbi reuniu seus comandantes e oficiais, temendo o fracasso do plano. Se perdessem, os sobreviventes poderiam construir um novo Palmares; se ganhasse, o governo colonial ficaria de tal forma desmoralizado que poderia aceitar Palmares como nação soberana. Em qualquer dos casos, Palmares viveria.

Na noite de 6 de fevereiro de 1694, os canhões de Jorge Velho cuspiram fogo contra a cerca Real de Macaco (Serra da Barriga), assassinando grande número de quilombolas que não conseguiu fugir. O exército português destruía o último reduto palmarino.

Zumbi escapou com vida. Tinha 39 anos, andava coxo. Cambatia há vinte e cinco anos. Após a tomada de Palmares, espalhou-se que Zumbi se havia suicidado, precipitando-se do despenhadeiro da Serra da Barriga. Zumbi fugira de Macaco com 2 mil quilombolas. Quando o governo se certificou que ele estava vivo, pôs sua cabeça a prêmio.

No início de 1695, foi registrada a presença de Zumbi em várias áreas do antigo Quilombo. Em uma dessas investidas, Antônio Soares, homem de confiança de Zumbi, foi capturado. Depois de ser barbaramente torturado e com a promessa de continuar vivo, ele delatou o esconderijo de Zumbi na Serra de Dois Irmãos.

Aproximando-se de Zumbi, que abriu os braços para abraçá-lo, Soares o apunhalou. Os invasores, que estavam escondidos, abriram fogo assassinando todos os companheiros de Zumbi. Mesmo ferido mortalmente, Zumbi lutou com bravura, até cair morto nas mãos assassinas dos bandeirantes paulistas, na aurora do dia **20 DE NOVEMBRO DE 1695**.

O corpo de Zumbi foi levado para a cidade de Porto Calvo e apresentado aos oficiais da Câmara. Depois de lavrado o "auto de reconhecimento", o bandeirante André Furtado de Mendonça propôs à Câmara de Porto Calvo que se decepasse a cabeça de Zumbi e a enviasse para Recife. Anos a fio, no sol e na chuva, ela ficou ali, no coração do mundo do açúcar, como exemplo de vingança dos brancos e para dizer aos negros que Zumbi não era imortal.

A IMORTALIDADE DE ZUMBI DOS PALMARES

Este trabalho se situa no âmbito de reflexões que têm por objetivo contribuir com a reafirmação da **IMORTALIDADE DE ZUMBI DOS PALMARES**.

Nos mais de 500 anos da existência do Brasil, um século foi necessário para a completa e definitiva destruição da experiência negra palmarina. Segundo alguns historiadores, Palmares representou um "continuum" da tradição militar angolana que, com a rainha N'zinga à frente, enfrentou as tropas invasoras da Europa no solo africano, buscando garantir a integridade territorial das nações africanas.

Palmares colocou em xeque a estrutura colonial, o Exército, o sistema de posse da terra e o poder da Igreja Católica. Palmares resistiu a 27 guerras de destruição, lançadas pelos portugueses e holandeses que invadiram e ocuparam, por longo tempo, o território de Pernambuco.

Trezentos anos após a destruição de Palmares e o assassinato de seu último líder no dia 20 de novembro de 1695, **ZUMBI** tornou-se um símbolo vivo para as gerações futuras como exemplo de luta e amor à liberdade. Por essa razão, esta data, **20 DE NOVEMBRO**, foi transformada pelo **MOVIMENTO NEGRO BRASILEIRO** no **DIA NACIONAL DA CONSCIÊNCIA NEGRA**.

PALMARES constituiu-se na mais veemente contestação ao sistema escravista. Destaca-se como a primeira experiência histórica por um Brasil realmente democrático e independente. A República Negra dos Palmares abrigou a primeira experiência de uma sociedade igualitária e ressoa como a mais esplendorosa epopeia dos povos dominados da história brasileira.

Tanto a experiência revolucionária de Zumbi e de Palmares, no Brasil, e da rainha N'zinga, em Angola, estão permeadas por limitações históricas. Não é apenas o êxito, contudo, que legitima as ações dos homens e dá a medida de sua grandeza. Quando carecem de forças para transformar a sociedade, devem pelo menos negá-la, recuperando e reafirmando, assim, a sua identidade humana. Insubmissos à escravidão, os palmarinos e Zumbi viveram e morreram como homens livres e, desta forma, vencendo os vencedores.

A experiência de Palmares permite desmistificar a história oficial brasileira. Desmascara os falsos heróis e descortina os heróis verdadeiros. Na história dos vencedores, o Quilombo de Palmares, a valentia e a honradez de Zumbi são apenas um episódio marginal e pouco significativo. Na história dos vencidos, brilha como um de seus momentos de maior grandeza. Os palmarinos e Zumbi vivem na consciência e no coração dos oprimidos e, como mensageiros de uma sociedade nova, conclamam do fundo da história: **VIVA ZUMBI! VIVA DANDARA!**

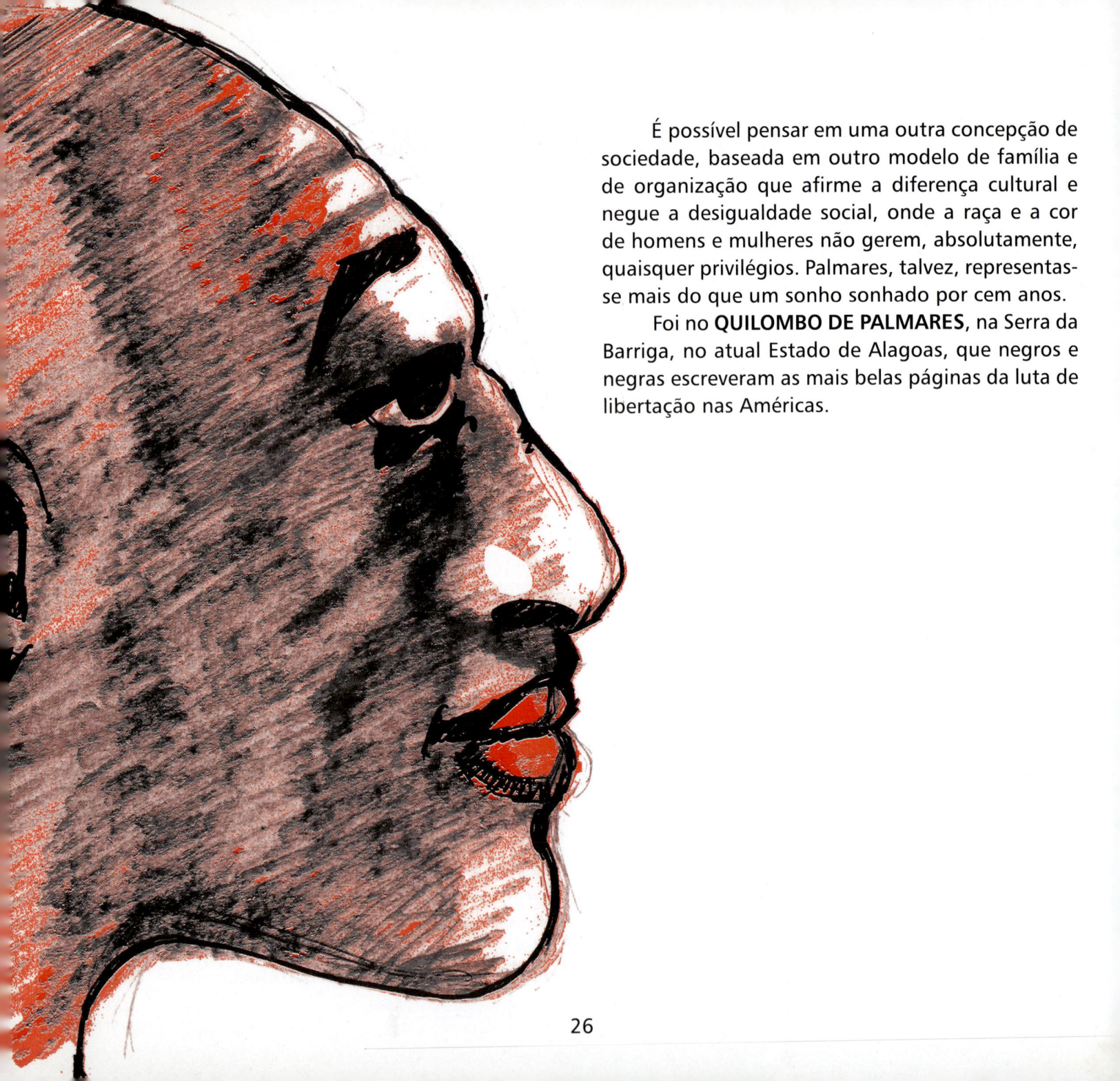

É possível pensar em uma outra concepção de sociedade, baseada em outro modelo de família e de organização que afirme a diferença cultural e negue a desigualdade social, onde a raça e a cor de homens e mulheres não gerem, absolutamente, quaisquer privilégios. Palmares, talvez, representasse mais do que um sonho sonhado por cem anos.

Foi no **QUILOMBO DE PALMARES**, na Serra da Barriga, no atual Estado de Alagoas, que negros e negras escreveram as mais belas páginas da luta de libertação nas Américas.

A ONDA *BLACK*

Ori significa "CABEÇA" – consciência negra na sua relação com o tempo, a história e a memória –, um termo de origem yorubá dos povos da África Ocidental. Mas são os povos de origem Bantu, os que abriram a floresta equatorial africana e povoaram o sul da África através de migrações constantes, que estabeleceram os **Kilombos** – sociedades guerreiras e iniciáticas. Estas sociedades foram recriadas no Brasil como forma de resistência, desde Palmares e seu herói civilizador ZUMBI, no Século XVII. O Movimento Negro contemporâneo tratou nos últimos trinta e cinco anos, do resgate da memória da sociedade palmarina e deste herói.

A história do negro no Brasil foi sempre muito mal contada. A história, até então escrita, falava do trabalho, do canto e da dança, mas não falava da luta negra contra a escravidão. Foi assim que, na historiografia, juntaram-se o índio preguiçoso, o escravo negro e a mulher submissa e, apesar dos avanços na luta política das mulheres, dos negros e dos povos indígenas, são ainda insuficientes as revisões históricas capazes de reconstituir os caminhos trilhados pelo povo negro no Brasil. Negros e indígenas, ainda hoje, são olhados como se ainda fossem apenas ex-escravos: brasileiros sem raízes culturais e históricas.

No entanto, homens e mulheres negros encontraram inúmeras formas para confrontar os escravistas: o banzo, o assassinato dos senhores de terras, a fuga isolada, o aborto praticado pela mulher escrava, o suicídio, as confrarias religiosas, as guerrilhas e insurreições urbanas (Alfaiates, Balaiada, Cabanagem, Farroupilha, Revolta dos Búzios, Malês, Canudos, Chibata, etc.).

A reação individual e ou coletiva ocorrida ao longo da escravidão conta esta intensa luta e é uma resposta à brutal violência física a que negros e negras foram submetidos. Essa resistência teve muitos heróis anônimos, como ainda hoje os tem, e os quilombos se destacaram por constituírem uma forma de organização africana no novo território. Os quilombos – comunidades constituídas por homens e mulheres negros, povos indígenas e brancos pobres –, estruturados em leis comunitárias, constituiram-se na mais avançada e sofisticada organização de resistência coletiva.

A marcha dos "300 anos de Zumbi contra o racismo, pela cidadania e a vida" entronizou Zumbi dos Palmares como herói nacional[1]. Essa conquista do Movimento Negro contemporâneo representa a nacionalização da "consciência" dos descendentes de africanos e constrói o mito do herói Zumbi de baixo para cima.

---

[1] Oficialmente Zumbi dos Palmares é reconhecido como herói nacional no Panteão dos Heróis da Pátria, por medida legislativa aprovada em 21 de março de 1997.

O Quilombo é memória, que não acontece só pros negros, acontece prá nação. Ele aparece, ele surge, nos momentos de crise da nacionalidade. A nós não cabe valorizar a história. A nós cabe ver o *continuum* dessa história. Porque ZUMBI queria fazer a nação brasileira, já com índios e negros integrados dentro dela. Ele quer empreender um projeto nacional, de uma forma traumática, mas não tão traumática quanto os ocidentais fizeram, destruindo culturas, destruindo a história dos povos dominados. (NASCIMENTO, 1988).

Só é possível falar de consciência negra no Brasil se relermos o passado com os olhos do presente; buscar, no entretecido do passado, o tecido do presente. Consciência negra é busca por nossa memória histórica e ação política de desconstrução do racismo, porque, para negros e indígenas no Brasil, o direito a um passado próprio se confunde com o direito de existir hoje.

Vir a ser consciência negra nos remete a uma identidade étnico-racial. Isso implica olhar para dentro de nós e cutucar as feridas provocadas pela nossa pele. Ao mesmo tempo, significa agir no campo da política, atuar na dimensão do coletivo. Tornar-se consciência negra é um processo que incorpora uma complexa e vasta teia de valores civilizatórios, ético-morais e socioculturais negro-africanos, sem a qual, tanto os indivíduos quanto a coletividade, não podem prescindir-se.

> Devemos fazer a nossa História buscando a nós mesmos, jogando nosso inconsciente, nossas frustrações, nossos complexos, estudando-os, negando-os. Só assim poderemos nos fazer entender, fazer-nos aceitar como somos, antes de mais nada pretos, brasileiros, sem sermos confundidos com americanos ou africanos, pois nossa história é outra, como é outra nossa problemática. (NASCIMENTO, 1978).

E o problema já começa com a ação de extermínio institucionalizado na forma de como os africanos foram transplantados para o Brasil e, aqui, transformados em instrumento de trabalho e objeto de reprodução sexual. Este processo estruturou formas de genocídio que se prolonga até os dias de hoje, forjados a partir da supressão dos valores culturais e da eliminação física.

> Apesar de negros e negras terem se constituído na principal força motriz da economia da escravização, remanejado que fora pelos ciclos da cana-de-açúcar, do gado, da mineração, do algodão, da borracha; a política etnocida assume foros científicos ao complementar a política imigratória instaurada pelo império em decadência pós guerra do Paraguai, sob a alegação de despreparo da força de trabalho negra para os novos desafios da Nação, assinalando, assim, o instante no qual se formula o projeto de marginalização do negro no processo produtivo e de uma ação voltada ao seu extermínio, a partir da relação inferioridade/superioridade racial. (XAVIER; SILVA, p. 17, 1992).

A resistência histórica a este processo se deu nos quilombos. O Quilombo do Ambrósio, em Minas Gerais, foi tão grande quanto Palmares, que abrigou mais de 50 mil aquilombados na Serra da Barriga, ocupando os territórios de Pernambuco,

Sergipe e Alagoas. Palmares desenvolveu lutas de grande envergadura, marcando com sangue a sua história. Os palmarinos construíram um Estado livre que resistiu aos ataques do Exército colonial durante cem anos – de 1595 a 1695.

ZUMBI foi o último líder de Palmares. Assumiu a frente da luta quando foi proposta a paz com os palmarinos, desde que não atacassem as fazendas para libertar escravos e se subordinassem à Coroa, tornando-se súditos do Rei de Portugal. ZUMBI não aceitou o pacto de rendição, tomando a chefia dos vários quilombos de Ganga Zumba, lutando pela libertação do jugo da escravidão.

Palmares destruída, Zumbi foi assassinado no dia 20 de novembro de 1695, tendo sua cabeça exposta em praça pública do Recife. Zumbi tornou-se um símbolo vivo para as gerações futuras como exemplo de luta e amor à liberdade. Por essa razão, o 20 de NOVEMBRO, dia da morte de ZUMBI dos PALMARES foi proposto pelo Grupo Palmares de Porto Alegre, em 1971, e depois pelo Movimento Negro Unificado em 1978, como o DIA NACIONAL DA CONSCIÊNCIA NEGRA.

> AO POVO BRASILEIRO – MANIFESTO NACIONAL DO MNUCDR – MOVIMENTO NEGRO UNIFICADO CONTRA A DISCRIMINAÇÃO RACIAL
> A ZUMBI – 20 DE NOVEMBRO: DIA NACIONAL DA CONSCIÊNCIA NEGRA
> Nós, negros brasileiros, orgulhosos por descendermos de ZUMBI, líder da República Negra de Palmares, que existiu no Estado de Alagoas, de 1595 a 1695, desafiando o domínio português e até holandês, nos reunimos hoje, após 283 anos, para declarar a todo o povo brasileiro nossa verdadeira e efetiva data: 20 de novembro – DIA NACIONAL DA CONSCIÊNCIA NEGRA! Dia da morte do grande líder negro nacional, ZUMBI, responsável pela PRIMEIRA E ÚNICA tentativa brasileira de estabelecer uma sociedade democrática, ou seja, livre, e em que todos – negros, índios e brancos – realizaram um grande avanço político e social, tentativa esta que sempre esteve presente em todos os quilombos. [...] Por isso, mantendo o espírito de luta dos quilombos, GRITAMOS contra a situação de *exploração* a que estamos submetidos, lutando contra o RACISMO e toda e qualquer forma de OPRESSÃO existente na sociedade brasileira. **PELO DIA NACIONAL DA CONSCIÊNCIA NEGRA! PELA AMPLIAÇÃO DO MNUCDR! POR UMA VERDADEIRA DEMOCRACIA RACIAL! PELA LIBERTAÇÃO DO POVO NEGRO!**[2]
> 20 de Novembro de 1978.

O movimento pela "consciência negra" não é apenas uma busca de uma identidade africana, ele é a busca incessante pela identidade negra brasileira que se vai construindo, traumaticamente, no processo da história. Ao emergir na cena política nacional a partir da luta contra o racismo nos anos de 1970, o Movimento Negro teve que buscar na história a chave para compreender a realidade da população negra brasileira.

---

[2] MOVIMENTO NEGRO UNIFICADO: 1978-1988 – 10 anos de luta contra o racismo. São Paulo. Confraria do Livro, 1988. Contracapa.

Tanto é que fatos históricos importantes só são valorizados a partir do Movimento Negro, como a sublevação de marinheiros negros que eclodiu no Rio de Janeiro, em 1910. A "Revolta da Chibata"(MOREL, 1999), liderada pelo marinheiro João Cândido, além de melhores condições de trabalho e salários, exigia o fim dos castigos corporais impingidos aos marinheiros com a chibata – prática da escravidão vigente na Marinha brasileira. João Cândido e a Revolta da Chibata foram imortalizados no samba *"O mestre sala dos mares"*, de João Bosco e Aldir Blanc, cuja letra e música foi censurada pela ditadura militar.

Também a imprensa negra das lutas abolicionistas contra a escravidão e do início do século XX que, até 1964, pontuou em suas páginas os problemas da comunidade negra e as denúncias contra o racismo. Mantidos pelos negros que os editavam, com a colaboração da comunidade que os ajudava, estes jornais constituem um fato único no Brasil: revelam a determinação em manter um espaço ideológico e informativo independente e de servir como veículo de organização da comunidade (CARDOSO, 2006).

Tratava-se de um esforço editorial surpreendente que reafirma a tradição de luta negra e que permitiu, posteriormente, a criação da Frente Negra Brasileira (FNB), em 1930. A FNB transformou-se em partido político e com o "Estado Novo", Getúlio Vargas dissolveu todas as agremiações políticas em 1936, fechando a incipiente abertura democrática instaurada pela Revolução de 1930. E, ainda, destaca-se o Teatro Experimental do Negro, fundado pelo militante, artista plástico, escritor e ex-senador Abdias do Nascimento:

> Quando em 1944, fundei, no Rio de Janeiro, *o Teatro Experimental do Negro*, o processo de libertação do negro uma vez mais retomou o seu caminho, recuperou suas forças e seu ritmo. O que é o TEN? [...] Foi concebido fundamentalmente como instrumento de redenção e resgate dos valores negro-africanos, os quais existem oprimidos ou/e relegados a um plano inferior no contexto da chamada cultura brasileira, onde a ênfase está nos elementos de origem branco-européia. Na rota dos propósitos revolucionários do *Teatro Experimental do Negro* vamos encontrar a introdução do herói negro com seu formidável potencial trágico e lírico nos palcos brasileiros e na literatura dramática do país. Transformou várias empregadas domésticas – típicas mulheres negras – em atrizes, e muitos trabalhadores e negros modestos, alguns analfabetos, em atores dramáticos de alta qualidade. (NASCIMENTO, p. 68-70, 1980).

Em 1964, o golpe que instala a ditadura militar, mais uma vez, força o recuo das organizações negras e desarticula todos os movimentos sociais brasileiros. Nos anos de 1970, respirava-se uma ausência absoluta dos direitos de cidadania e de canais eficazes de reivindicação. É, exatamente, nesse momento, em que o País vivia mergulhado em uma forte repressão, que a experiência histórica dos quilombos reaparece, servindo como referência para a emergência das lutas do movimento negro contemporâneo.

Os grupos negros buscaram algo de positivo para referenciar a continuidade da luta. Ao rejeitar o que era considerado "nacional", em protesto contra a ditadura militar, dirigiram o movimento para uma identificação com a historicidade heroica do passado, com a experiência dos quilombos, com as lutas dos afro-americanos por direitos civis nos Estados Unidos da América e com as lutas de libertação nacional dos países africanos, gerando uma forte solidariedade com o pan-africanismo.

> As lutas africanas abriram, para os negros no Brasil, outra perspectiva crítica da sua existência no mundo branco. O surgimento de elites negras nos EUA completou o quadro. Se o nacionalismo negro ianque embutido e importado dos EUA resgatava aos brasileiros, sua dignidade de raça, o universalismo da libertação africana exportava dignidade política, permitindo aos ativistas negros redescobrir as massas populares e a universalidade da luta antirracista. Explica-se: o movimento Soul conhecido entre os brancos como movimento Black, ao exacerbar a negritude, deu visibilidade ao negro. Não só junto aos brancos, como entre os próprios negros que, ao se afirmarem como individualidade racial, realizaram a reivindicação de afirmação da consciência negra, tornando palpável para as lideranças negras reivindicações econômicas e de poder. A reação uníssona dos brancos empurrou a emergente classe média negra às suas origens raciais, confrontando-a com a inevitabilidade da sua condição de ex-escrava num país de ex-senhores. Os revolucionários africanos, por sua vez, destruíram o mito maniqueísta de que tudo o que é branco é, necessariamente, um mal, foi o pensamento universalizado e não a lógica do gueto, que alimentou as alianças inter-étnicas e a manipulação das contradições internas do poder colonial. Os brancos descobriram outro sujeito histórico no processo democrático, que deixou de ser um fenômeno europeu; a África não era só Idi Amim, o que foi bom para a dignidade negra. (CARDOSO, p.12, 1988).

Os clubes sempre foram uma tradição da comunidade negra, onde se realizam festas, bailes e eventos, promovendo a integração e a sociabilidade comunitária. O Renascença Clube, o Chic Show e o Máscara Negra inauguraram seus bailes-*soul*, e a onda "black" que varreu o Brasil, constituindo-se como pontos de encontro das pessoas que articularam o Movimento Negro no Rio, em São Paulo e Belo Horizonte.

No décimo aniversário da ditadura militar, em 1974, surgiu no Curuzu – no mais populoso bairro negro de Salvador – a Sociedade Cultural Bloco Afro Ilê Aiyê, expressão dos grupos negros por afirmação cultural, que, ao homenagear a história das nações africanas e referenciar-se na cultura negro-africana, provocou a sociedade racista da Bahia, cantando no carnaval: "Que Bloco é Esse, eu quero saber, é o mundo negro que viemos cantar para você [...] Somos crioulo doido, somos bem legal, Temos cabelo duro, somos black-power"[3]. O Ilê Aiyê foi precursor da criação de inúmeros blocos afros como o Olodum, Malê dê Malê, Muzenza e outras agremiações afro-brasileiras.

---

[10] Ilê Aiyê. Música *Que Bloco é Esse*. Paulinho Camafeu. Carnaval de 1974.

Neste período são realizadas as semanas afro-brasileiras organizadas pelo Centro de Estudos Afro-Asiáticos, do Rio de Janeiro, ou pela Sociedade de Estudos da Cultura Negra no Brasil (SECNEB), de Salvador. Os participantes mais ativos criam entidades como o Grupo de Trabalho André Rebouças e a Sociedade de Intercâmbio Brasil-África (SINBA), berço do Instituto de Pesquisa das Culturas Negras (IPCN). No dia 8 de dezembro de 1975, um grupo de compositores, sambistas e pessoas ligadas ao samba, sob a liderança de Antônio Candeia Filho, fundava o Grêmio de Arte Negra e a Escola de Samba Quilombo, no Rio.

> Aprendeu isso com ninguém menos que Candeia, insuspeito defensor das tradições, quase um Zumbi do Quilombo, sua escola de samba, que foi sinônimo de resistência quando a excessiva comercialização e diluição do samba começaram de fato a se fazer notar lá pelos anos de 1970. *Vocês querem fazer baile com esse negócio de soul, então façam*, dizia Candeia, tradicionalista, liberando a quadra da Quilombo para a juventude black da época, para susto e admiração de Marquinhos (de Oswaldo Cruz, Rio) ainda criança. (BLANC; SUKMAN; VIANA, p. 35-36, 2004).

Foi nesse período de efervescência política que Lélia Gonzalez, Milton Barbosa e muitos outros iniciaram os contatos entre o Rio de Janeiro e São Paulo e as primeiras discussões em torno da criação de um Movimento Negro de caráter nacional, lançando as bases para o que viria a ser o Movimento Negro Unificado contra a Discriminação Racial (MNUCDR), posteriormente, MNU. No dia 7 de julho de 1978, durante o ato de protesto que reuniu 3 mil pessoas nas escadarias do Teatro Municipal de São Paulo, é lançado, publicamente, o Movimento Unificado Contra a Discriminação Racial.

> O ano de 1978 foi um divisor de águas para o movimento negro porque revelou à sociedade um novo negro. É, portanto, divisor de águas também para a sociedade. (CARDOSO, 1988).

Também, os primeiros grupos de mulheres negras surgem no interior do Movimento Negro. Lélia Gonzalez afirma que os históricos encontros da Cândido Mendes atraíram toda uma nova geração negra que ali passou a se reunir para discutir o racismo e suas práticas. Vivia-se, naqueles momentos, a euforia do "milagre brasileiro", do "ninguém segura este País".

As mulheres negras criaram os grupos Aqualtune em 1979, Luiza Mahin em 1980 e o Grupo de Mulheres Negras do Rio de Janeiro, em 1982, ou militavam no interior das organizações mistas a que pertenciam (André Rebouças, IPCN, SINBA, MNU) ou no N'ZINGA – Coletivo de Mulheres Negras, criado no dia 16 de junho de 1983, na sede da Associação de Moradores do Morro dos Cabritos, por um grupo de mulheres do Movimento de Favelas e do Movimento Negro, sem, no entanto, desistir da discussão das questões específicas junto dos homens que, muitas vezes, excluíam as mulheres das decisões, delegando tarefas mais "femininas", reproduzindo práticas da ideologia dominante no que diz respeito ao sexismo.

Todavia, como nós, mulheres e homens negros, nos conhecemos muito bem, nossas relações, apesar de todos os "pegas" desenvolvem-se num plano mais igualitário cujas raízes, como dissemos acima, provêm de um mesmo solo: a experiência histórico-cultural comum. Por aí se explica a competição de muitos militantes com suas companheiras de luta [...] Mas, por outro lado, por aí também se explica o espaço que temos no interior do MN. E vale notar que, em termos de MNU, por exemplo, não apenas nós, mulheres, como nossos companheiros homossexuais, conquistamos o direito de discutir, em congresso, as nossas especificidades. E isto, num momento, em que as esquerdas titubeavam sobre "tais questões, receosas de que viessem dividir a luta do operariado". (GONZALEZ, 1985).

A luta pela liberdade manifesta-se no cotidiano, nas festas como o carnaval e nos rituais do candomblé. A organização das comunidades negras opera por meio das escolas de samba, nos clubes negros; ou em congressos e encontros como o Festival Comunitário Negro Zumbi (FECONEZU); o 3º Congresso das Culturas Negras das Américas; a instalação do Memorial Zumbi na Serra das Barriga, União dos Palmares, Alagoas, em 20 de novembro de 1982; ou nos Encontros do Negro do Norte e Nordeste, do Sul e Sudeste e do Centro-Oeste, culminando no 1º Encontro Nacional de Entidades Negras (ENEN), em 1991, dando origem à Coordenação Nacional das Entidades Negras (CONEN).

As ações políticas, culturais e educacionais do Movimento Negro brasileiro são infindáveis. A força da consciência negra que impulsiona a afirmação da identidade negra e o movimento contra a violência racial vêm do patrimônio cultural negro-africano, que, no Brasil, é uma metáfora para um legado de uma memória coletiva, de algo culturalmente comum a um grupo.

Este patrimônio se expressa nas religiões de matriz africana, nas irmandades negras, nas confrarias, nos congados, no samba, na capoeira... Essas organizações socioculturais são guardiãs de um acervo cultural que, ao longo de sua existência, vêm resistindo às mais duras formas de violência tanto material quanto simbólica. Essas comunidades culturais e espirituais de matriz africana e afro-brasileira emergem como espaços litúrgicos, culturais e de organização social e política, num "continuum" africano na diáspora.

Na verdade, qualquer patrimônio pode mesmo ser concebido como um território: especificidade do espaço social, que o distingue do resto da sociedade ou de outros territórios, sendo, também, zona de limites. O patrimônio simbólico do negro brasileiro, ou seja, a memória cultural da África afirmou-se aqui como território político, mítico e religioso, para sua transmissão e preservação.

> Para os membros de uma civilização desprovida de território físico ficou a possibilidade de se

reterritorializar na diáspora através de um patrimônio simbólico. [...] Essa visão qualitativa e sagrada do espaço gera uma consciência ecológica, no sentido de que o indivíduo se faz, simbolicamente, parceiro da paisagem. O espaço como algo que indica a própria identidade do grupo, e o que dá identidade a um grupo são as marcas que ele imprime na terra, nas árvores, nos rios. [...] A história de uma cidade é a maneira como os habitantes ordenaram suas relações com a terra, o céu, a água e os outros homens. A história se dá num território, que é o espaço exclusivo e ordenado das trocas que a comunidade realiza na direção de uma identidade grupal. A idéia de território coloca de fato a questão da identidade, por referir-se à demarcação de um espaço na diferença com outros. Conhecer a exclusividade ou a pertinência das ações relativas a um determinado grupo implica, também, localizá-lo territorialmente. (SODRÉ, 1988).

O fato de a população negra viver nas regiões mais distantes do centro do poder, da distribuição da riqueza, do acesso à cultura e da comunicação, constitui uma exclusão das maiorias do direito à cidade e à cidadania. Na realidade, a cartografia do espaço urbano visto apenas pelo viés socioeconômico, configura-se como uma das mais sofisticadas armadilhas do racismo, na medida em que a segregação racial do espaço urbano é uma estratégia perversa de exclusão da população negra dos bens culturais e sociais, da riqueza e do desenvolvimento material e espiritual.

Por fim, é importante afirmar que os(as) militantes do Movimento Negro são responsáveis por trazer esta história até aqui. Não podemos deixar que os detentores do poder político e econômico e os "donos" dos meios de comunicação continuem a manipular nossa memória coletiva.

Nesses anos, testemunhamos derrotas, vitórias e avanços institucionais importantes. Continuamos na luta contra o racismo e para a superação do nosso desafio mais profundo: a conquista dos direitos sociais da população negra, dos povos indígenas, das mulheres e dos pobres na sociedade brasileira.

Para isso será necessário contar para as crianças nas escolas que Zumbi é nosso, está vivo nos corações e mentes de milhões de pessoas que lutam contra o racismo, a violência e a opressão. Contar para as crianças que os direitos humanos no Brasil teve, no Quilombo de Palmares, o início das grandes conquistas históricas.

Marcos Antônio Cardoso
(Publicado na Revista Dia da Consciência Negra – 35 anos – publicação comemorativa da Secretaria Especial de Políticas de Promoção da Igualdade Racial da Presidência da República (SEPIR). Brasília, 20 de novembro de 2006, p. 17-21.)

REFERÊNCIAS

ANDRADE, Maria José de Sousa. *A mão de obra escrava em salvador* (1811-1860). São Paulo: Corrupio; Brasília: CNPq, 1988.

BLANC, Aldir; SUKMAN, Hugo; VIANA, Luiz Fernando. *Heranças do Samba*. Rio de Janeiro: Casa da Palavra, 2004. p. 35-36.

CAMPOLINA, Alda Maria Palhares; MELO, Cláudia Alves; ANDRADE, Mariza Guerra. *Escravidão em Minas Gerais*. Cadernos do Arquivo, n. 1. Secretaria do Estado da Cultura. Arquivo Público Mineiro/ COPASA. Belo Horizonte, 1988.

CAPELI, Mario. *Brasil epopéia metisse*. Paris: Decouverte Gallimard, 1987.

CARDOSO, Hamilton Bernardes. História Recente: dez anos de movimento negro. *Revista Teoria e Debate*. São Paulo, n. 2, mar. 1988.

CARDOSO, Hamilton Bernardes. História Recente: dez anos de movimento negro. *Revista Teoria e Debate*. São Paulo, n. 2, p.12, mar. 1998.

CARDOSO, Marcos Antônio. *O Movimento Negro*. Belo Horizonte: Mazza Edições, 2002.

CARNEIRO, Maria Luiza Tucci. *O racismo na História do Brasil* – Mito e Realidade. 7. ed. São Paulo: Ática, 1998 (Série História em Movimento.)

FREITAS, Decio. *Palmares:* a guerra contra os escravos. 2. ed. Rio de Janeiro: Graal, 1978.

GOMES, Nilma Lino. Alguns termos e conceitos presentes no debate sobre relações raciais no Brasil: uma breve discussão. In: *Educação anti-racista*: caminhos abertos pela Lei Federal n. 10639/03. Brasília: Ministério da Educação, Secretaria de Educação Continuada, Alfabetização e Diversidade, 2005.

GONZALEZ, Lélia. Mulher Negra. Afrodiáspora. Revista de Estudos do Mundo Negro. Rio de Janeiro: Ipeafro, n. 6 e 7. 1985.

HEGEL, G.M.F. Consciência de si. In: —. Fenomenologia do espírito. Petrópolis: Vozes, 1992. p. 119-151.

KOJEVE, Alexandre. *La dialeticadel amo e Del escravo em Hegel.* Tradução de Juan jose sebreli. Buenos Aires: La Plexade, 1987. p. 55-61.

MOREL, Edmar. *A Revolta da Chibata.* Rio de Janeiro: Graal, 1979.

MOREL, Edmar. *João Cândido, o Almirante Negro.* Rio de Janeiro: Gryphus: Museu da Imagem e do Som, 1999.

MOTTOSO, Katia M. de Queirós. *Ser escravo no Brasil.* São Paulo: Brasiliense, 1992.

MOURA, Clovis. *Rebeliões da senzala.* 3. ed. Rio de Janeiro: Ed. Hucitec, 1978.

MOVIMENTO NEGRO UNIFICADO 1978-1988 – *10 anos de luta contra o racismo.* São Paulo: Confraria do Livro, 1988.

MOVIMENTO NEGRO UNIFICADO 1978-1988. *10 anos de luta contra o racismo.* São Paulo: Parma, 1988.

NASCIMENTO, Beatriz M. do. *Jornal do Brasil.* Rio de Janeiro, 13 maio 1978.

NASCIMENTO, Beatriz M. *ORI* – Um filme de Raquel Gerber. Brasil, 1988

NASCIMENTO, Abdias. *O Quilombismo.* Rio de Janeiro: Vozes, 1980. p. 68-70

NEVES, Erivaldo Fagundes. Clio. Revista de Pesquisa Histórica da Uuniversidade Federal de Pernambuco. n. 15. Recife, Universitária, n. 15. 1994.

REIS, João José; SILVA, Eduardo. *Negociação e conflito*: a resistência negra no Brasil escravista. São Paulo: Companhia de Letras, 1989.

SANTOS, Joel Rufino. Zumbi. 3. ed. São Paulo: Moderna, 1985.

SODRÉ, Muniz. *O terreiro e a cidade*: a forma social do negro brasileiro. Petrópolis: Vozes, 1988.

XAVIER, Arnaldo; SILVA, Nilza Iraci da. *Há um buraco negro entre a vida e a morte.* Rio de Janeiro: GELEDÉS – Instituto da Mulher Negra/SOWETO – Organização negra, 1992, p-17.

BASES TÉORICAS DO RACISMO NO SÉCULO XIX

SÍNTESE DOS TERMOS E CONCEITOS PRESENTES NO DEBATE SOBRE RELAÇÕES RACIAIS NO BRASIL

IDENTIDADE: A identidade não é algo inato. Ela se refere a um modo de ser no mundo e com os outros. É um fato importante na criação de redes de relações e de referências culturais dos grupos sociais. Indica traços culturais que se expressam por meio de práticas linguísticas, festivas, rituais, comportamentos alimentares e tradições populares, referências civilizatórias que marcam a condição humana. A identidade é uma realidade sempre presente em todas as sociedades humanas. Qualquer grupo humano, por meio de seu sistema axiológico, sempre selecionou alguns aspectos pertinentes a sua cultura para definir-se em contraposição ao alheio. A definição de si (autodefinição) e a definição dos outros (identidade atribuída) têm funções conhecidas: a defesa da unidade do grupo, a proteção do território contra inimigos externos, as manipulações ideológicas por interesses econômicos, políticos e psicológicos. Portanto, a identidade não se prende apenas ao nível da cultura. Ela envolve, também, os níveis sociopolítico e histórico de cada sociedade. Dessa forma, a identidade resulta também da diferença. Ao mesmo tempo em que a busca da identidade por parte de um grupo social evoca a diferença deste em relação à sociedade ou ao governo ou a outro grupo e instituição, ela possui um processo de elaboração e diminuição das diferenças internas do próprio grupo e dos vários grupos que forma, naquele momento de reivindicação, um único sujeito político. E esse trabalho, envolvendo semelhanças e diferenças, propicia a articulação entre poder e cultura, pois é "exatamente no domínio da cultura que estes grupos – mulheres, negros e povos indígenas – resgatam sua autonomia e reafirmam a sua diferença".

IDENTIDADE NEGRA: Reconhecer-se numa identidade supõe responder afirmativamente a uma interpelação e estabelecer um sentido de pertencimento a um grupo social de referência. Nesse processo, nada é simples ou estável, pois as múltiplas identidades sociais são transitórias e contingentes; portanto, têm um caráter fragmentário, instável, histórico e plural. A identidade negra se constrói num movimento que envolve inúmeras variáveis, causas e efeitos, desde as primeiras relações estabelecidas no grupo social mais íntimo. Geralmente inicia-se na família e vai criando ramificações e desdobramentos a partir das outras relações que o sujeito estabelece. A identidade negra é uma construção social, histórica, cultural e plural. Implica a construção do olhar de um grupo étnico-racial ou de sujeitos que pertencem a um mesmo grupo étnico-racial sobre si mesmo a partir da relação com o outro. Além da dimensão subjetiva e simbólica, a identidade negra tem um sentido político como tomada de consciência de um segmento étnico-racial excluído da participação na sociedade, para a qual contribuiu economicamente, com o trabalho gratuito como escravo, e também culturalmente, em todos os tempos na história do Brasil.

RAÇA: É a subdivisão de uma espécie, formada pelo conjunto de indivíduos com características físicas semelhantes, transmitidas por hereditariedade: cor da pele, forma do crânio e do rosto, tipo de cabelo, etc. Raça é um conceito apenas biológico, relacionado somente a fatores hereditários, não incluindo condições culturais, sociais ou psicológicas. Para a espécie humana, a classificação mais comum no Brasil distingue as raças: branca, negra, amarela e indígena. Os movimentos sociais negros, quando usam o termo raça, não o fazem alicerçados na ideia de raças superiores e inferiores, como originalmente era usada no século XIX. Pelo contrário, usam-no como uma nova interpretação, que se baseia na dimensão social e política e no fato de que a discriminação racial e o racismo existentes na sociedade brasileira se dão não apenas devido aos aspectos culturais dos diversos grupos étnico-raciais. Mas, também, devido à relação que se faz na nossa sociedade entre esses e os aspectos físicos observáveis na estética corporal dos pertencentes às mesmas. Os militantes dos movimentos sociais negros não adoram o termo raça no sentido biológico, pelo contrário, todos sabem e concordam com os atuais estudos da Genética de que não existem raças humanas.

ETNIA: Refere-se a um grupo possuidor de algum grau de coerência e solidariedade, composto por pessoas conscientes, pelo menos em forma latente, de terem origens e interesses comuns. Um grupo étnico não é um mero agrupamento de pessoas ou de um setor da população, mas uma agregação consciente de pessoas unidas ou proximamente relacionadas por experiências compartilhadas. Etnia é um conceito que engloba as ideias de nação, povo e raça; diz respeito a um grupo com traços físicos e culturais comuns, cujos membros se identificam como grupo, ou seja, sentem que pertencem ao grupo. Um grupo étnico é um grupo social cuja identidade se define pela comunidade de língua, cultura, tradições, monumentos históricos e territórios.

MITO DA DEMOCRACIA RACIAL: Representação deturpada de fartos ou personagens reais que, repetida constantemente, leva a elaborar uma interpretação falsa de um momento histórico ou de um grupo. O mito nos induz a acreditar numa realidade que não é verdadeira. O mito da democracia racial pode ser compreendido como uma corrente ideológica que pretende negar a desigualdade racial entre brancos e negros no Brasil como fruto do racismo, afirmando que existe entre estes dois grupos raciais uma situação de igualdade de oportunidade e tratamento. Esse mito pretende, de um lado, negar a discriminação racial contra negros no Brasil e, de outro lado, perpetuar estereótipos, preconceitos e discriminações construídos sobre este grupo racial. Se seguirmos a lógica desse mito, ou seja, de que todas as raças e ou etnias existentes no Brasil estão em pé de igualdade sociorracial e que tiveram as mesmas oportunidades desde o início da formação do Brasil, poderemos ser levados a pensar que as desiguais posições hierárquicas existentes entre elas se devem se à incapacidade inerente aos grupos raciais em desvantagem, como negros e indígenas. Dessa forma, o mito da democracia racial atua como campo fértil para a perpetuação de estereótipos sobre os negros, negando o racismo no Brasil, mas, simultaneamente, reforçando as discriminações e desigualdades raciais.

DISCRIMINAÇÃO RACIAL: Tratamento desfavorável dado a uma pessoa ou grupo com base em características raciais ou étnicas. Discriminar significa "distinguir", "diferençar", "discernir". A discriminação racial é a prática do racismo e a efetivação do preconceito. Enquanto o racismo e o preconceito se encontram no âmbito das doutrinas e julgamentos, das concepções de mundo e das crenças, a discriminação é a adoção de práticas que os efetivam. Por exemplo, impedir uma pessoa de assumir um emprego por não ser branca é um ato de discriminação.

PRECONCEITO RACIAL: Conceito ou opinião formados antecipadamente, sem conhecimento dos fatos. É uma ideia preconcebida e desfavorável a um grupo racial, étnico, religioso ou social. Implica aversão e ódio irracional contra outras raças, credos e religiões. Este julgamento prévio apresenta como característica principal a inflexibilidade, pois tende a ser mantido sem levar em conta os fatos que o contestem. O preconceito como atitude não é inato. Ele é aprendido socialmente e inclui a concepção que o indivíduo tem de si mesmo e também do outro.

RACISMO: Muito mais que apenas discriminação ou preconceito racial, é uma doutrina que afirma haver relação entre características raciais e culturais e que algumas raças são, por natureza, superiores a outras. As principais noções teóricas do racismo moderno derivam das ideias desenvolvidas por Arthur de Gobineau. O racismo deforma o sentido científico do conceito de raça, utilizando-o para caracterizar diferenças religiosas, linguísticas e culturais. O racismo parte do pressuposto da "superioridade de um grupo racial sobre outro e da crença de que determinado grupo possui defeitos de ordem moral e intelectual que lhes são próprios". O racismo está presente na história da humanidade e se expressa de variadas formas, em diferentes contextos e sociedades e de duas formas interligadas: a individual e a institucional. Desde atos de extrema violência e agressões praticadas por indivíduos, passando por isolamento de grupos étnicos-raciais em determinados bairros, escolas e empregos, até perseguições, extermínio físico, genocídio, limpeza étnica e tortura.

NAZISMO: Regime de características fascistas e racistas que Dominou a Alemanha durante o governo de Adolf Hitler (1933-1945). Era um regime autoritário e ultranacionalista, apoiado na crença da superioridade da raça branca e no ódio aos judeus e voltado para o expansionismo alemão.

FASCISMO: Regime político totalitário instaurado por Mussolini na Itália, entre 1926 e 1939, marcado pelo anticomunismo e pelo antiliberalismo.

POGROMS: Na Rússia czarista, no final do século XIX, massacres e episódios de violência a que as autoridades submetiam a população judaica: os soldados invadiam os bairros judeus e cometiam todo tipo de violência e perseguição. Milhares de judeus foram deportados ou obrigados a emigrar.

APARTHEID: Regime racista em vigor, à partir de 1948, na África do Sul, hoje oficialmente extinto com a liberdade e a eleição de Nelson Mandela. Os negros eram proibidos por lei de morar nos bairros destinados aos brancos e de frequentar os mesmos locais públicos; havia escolas, clubes, restaurantes, praias e até igrejas separadas para brancos e negros. Só os brancos podiam votar nas eleições gerais e os casamentos mistos eram proibidos. No início dos anos de 1990, as leis do *apartheid* foram revogadas, em conseqüência de muitos anos de intensa luta e da sua condenação por quase todo o mundo.

IMPERIALISMO: Política de expansão econômica e territorial executada pelas grandes nações europeias no final do século XIX, sobretudo na África e na Ásia, com o objetivo de obter vantagens comerciais e estratégicas.

ETNOCENTRISMO: Tendência a considerar a própria cultura como centro de tudo e de alguma forma superior às demais. É importante não confundir racismo com Etnocentrismo, pois o termo designa o sentimento de superioridade que uma cultura tem em relação a outra. Consiste em postular indevidamente como valores universais os valores próprios da sociedade e da cultura a que o indivíduo pertence. Ele parte de um particular que se esforça em generalizar e deve, a todo custo, ser encontrado na cultura do outro. Carrega em si a ideia de recusa da diferença e cultiva um sentimento de desconfiança em relação ao outro, visto como diferente, estranho ou ate mesmo como inimigo potencial.

CRISTÃO-NOVO: Expressão pejorativa usada para o judeu convertido ao Cristianismo e seus descendentes. Na Espanha (1381) e em Portugal (1497), todos os judeus foram obrigados a se batizarem.

ANTICRISTO: Lenda da Idade Média, segundo a qual um falso Messias (filho do demônio com uma judia) viria à terra no final dos tempos para enfrentar o verdadeiro Messias (Cristo, filho de Deus com uma filha virgem e judia) e derrotar o mundo cristão, com o auxílio dos judeus.

POSITIVISMO: Uma das mais importantes correntes filosóficas do século XIX. Afirma que o conhecimento verdadeiro, ou científico, resultante da observação e da experiência, consiste na descrição dos fatos positivos, isto é, dos fatos observados. Concebe a História como uma evolução da sociedade humana, de estágios primitivos (dominados pelos mitos e pelas religiões) para estágios modernos (dominados pelos conhecimentos científicos).

ARIANISMO: É uma doutrina que justifica a desigualdade entre os homens e adverte contra o cruzamento das raças. Arthur de Gobineau (1816-1882), seu mais importante teórico, faz distinção entre as raças semita e ariana. Classifica a primeira como física, moral e culturalmente inferior à ariana – que seria o europeu puro – e rotula os semitas de inassimiláveis e pervertedores. Os semitas seriam uma raça híbrida, branca, mas abastardada por uma mistura com os negros. Entre 1869 e 1870, o Conde de Gobineau esteve no Brasil e manteve intensa amizade com o imperador Dom Pedro II, discutindo com ele sobre a abolição e a política de imigração. Curiosamente, previu para menos de duzentos anos o desaparecimento dos habitantes brasileiros, condenados pelo crescente processo de miscigenação. As ideias de Gobineau foram retomadas e divulgadas por Houston Chamberlain (1855-1927), um dos maiores teóricos do pensamento racista do século XX e fervoroso defensor da superioridade germânica.

DARWINISMO SOCIAL: Teoria da evolução social baseada na analogia com as ciências biológicas, substituindo os organismos vivos pelos grupos sociais em conflito. Os teóricos do Darwinismo social inspiraram-se em Charles Darwin (1809-1882) e sua obra *A Origem das Espécies*, de 1859, em que defende a tese da evolução das espécies biológicas com base na *sobrevivência dos mais capazes*. No entanto, esses pensadores adaptaram e até distorceram as ideias de Darwin. Alguns consideravam a seleção social como um processo negativo, no qual os tipos "inferiores" seriam favorecidos e acabariam colaborando para uma progressiva degeneração física, mental e moral da humanidade, destinada, por isso mesmo, ao desaparecimento. Entre os principais defensores dessa teoria, encontram-se Ludwing Gumplowicz, G. Bagehot, G. Ratzenhofer, H. Haeckel e George Vacher Lapouge. Este último, aliás, tinha uma visão pessimista sobre o Brasil, referindo-se ao País como "uma imensa nação negra em regressão para a barbárie".

EVOLUCIONISMO SOCIAL: Essa teoria propunha a interpretação do desenvolvimento sociocultural do homem com base no conceito de evolução. Afirma a existência de uma espécie humana única, que se desenvolve em ritmos desiguais e com diferentes formas de organização (estágios de civilização), variando das mais simples às mais complexas. O ponto máximo do progresso humano teria sido atingido pela cultural ocidental; as demais culturas seriam menos evoluídas, *primitivas*. Entre os principais estudiosos dessa corrente, destacou-se o inglês Herbert Spencer (1820-1903), responsável pela forma mais radical do evolucionismo sociológico. Introduziu a expressão *sobrevivência do mais apto* e popularizou, entre 1860 e 1890, o termo *evolução*. Dois outros importantes filósofos evolucionistas foram Thomas H. Husley (1825-1895) e Ernst Haeckel (1834-1919). Porém, a formulação mais elaborada do evolucionismo social encontra-se na obra de Lewis Henry Morgan (1818-1881), que distingue três estágios de evolução da humanidade: selvageria, barbárie e civilização.

EUGENIA: A palavra deriva do grego *eu* (bom) e *gênesis* (geração). Pretensa ciência fundamentada nas ideias de Francis Galton, conhecido pela descoberta das impressões digitais. Galton defendia a necessidade de o Estado formular um plano com o objetivo de selecionar jovens aptos a procriarem os *mais capazes*. Propunha a escolha de uma boa raça (a mais pura) ou do bom nascimento, chegando ao extremo de defender a esterilização de doentes, criminosos, judeus e ciganos. A eugenia incentivou experiências desse tipo no Terceiro Reich, que se propôs a elaborar um plano de purificação racial, marca do holocausto judeu.

INTELECTUAIS BRASILEIROS E IDEIAS RACISTAS

SÍLVIO ROMERO: Aponta como mestres: Spencer, Darwin e Gobineu. Analisa a formação de uma sub-raça no Brasil, resultante da união da raça branca com as demais, que acabariam por desaparecer por um processo de seleção natural. Prevaleceria a raça pura, fortalecida pela imigração europeia, compensando a degeneração provocada pelo clima e pelos negros.

RAIMUNDO NINA RODRIGUES: Professor de Medicina Legal na Bahia, considera os negros e os índios como raça inferiores. Diz que os mestiços, por terem mentalidade infantil, não poderiam receber no Código Penal o mesmo tratamento que os brancos.

FRANCISCO ADOLFO DE VARNHAGEN: Afirma que os índios, em função de sua organização física, não poderiam progredir no meio da civilização, estando condenados a viver nas trevas. Se fossem colocados na luz (símbolo da civilização), morreriam ou desapareceriam.

EUCLIDES DA CUNHA: Autor de *Os Sertões* (1902), interpreta a História a partir do determinismo do meio e da raça. Subordina a evolução cultural de um povo à evolução étnica, considerando a mestiçagem prejudicial. Os mestiços são vistos como retrógrados, raquíticos e neurastênicos, incapazes de concorrer para o progresso brasileiro. Só poderiam superar seus "defeitos" se fossem segregados, evitando-se novas fusões com sangue negro. Euclides os diferencia dos sertanejos, homens da caatinga, de raça forte.

FRANCISCO JOSÉ DE OLIVEIRA VIANNA: Adepto do arianismo, dividia a sociedade em raças superiores e inferiores. Considerava o sangue branco mais puro e dizia que o destino dos arianos seria sempre de dominar as outras raças. Entendia por isso que a aristocracia era a melhor expressão de superioridade ariana. Para ele, a mestiçagem era a causa da decadência da raça pura. Via os mulatos, mamelucos e cafuzos como ralé.

Este livro foi composto nas tipografias *Humnst777 BT* e *OzHandicraft BT* e impresso em papel Couché 115 g/m² (miolo) e Cartão 250g/m² (capa) no mês de outubro de dois mil e dez.

Na ocasião da primeira edição, em 1995, este trabalho increveu-se no âmbito de acontecimentos históricos fundamentais à luta pela libertação e dignidade do povo negro: a posse de Nelson Mandela – 1º presidente negro da África do Sul; 300 anos de Zumbi dos Palmares em 1995; criação da SMACON – Secretaria Municipal para Assuntos da Comunidade Negra, em Belo Horizonte no mês de maio de 1998.